Irene Margil und Andreas Schlüter

Deutsch³
Die Uniform

Deutsch als Fremd- und Zweitsprache

Alles Digitale zu diesem Buch kann auf der Lernplattform **allango** von Ernst Klett Sprachen abgerufen werden. So geht's:

QR-Code scannen oder **www.allango.net** aufrufen	Buchtitel oder ISBN in der Suche eingeben und auf das Buchcover klicken	Zum Inhalt navigieren, direkt abrufen oder speichern

Dieses Symbol bedeutet, dass zu einem Buch-Abschnitt ein digitaler Inhalt verfügbar ist: **Hörtext zu allen 3 Niveaus, Wortschatzhilfen mit Bildern und Erklärungen sowie Quiz-Lösungen.**

Ernst Klett Sprachen
Stuttgart

1. Auflage 1 [8 7 6 5 4] | 2028 27 26 25 24

Alle Drucke dieser Auflage sind unverändert und können im Unterricht nebeneinander verwendet werden.
Die letzte Zahl bezeichnet das Jahr des Druckes.
www.klett-sprachen.de

Redaktion: Carina Janas
Konzeption: Carina Janas, Elisabeth Muntschick
Layoutkonzeption: Andreas Drabarek
Illustrationen: Tobias Dahmen
Satz: DOPPELPUNKT, Stuttgart
Umschlaggestaltung: Andreas Drabarek

Tonregie und Schnitt: Gunther Pagel, Top10 Tonstudio, Viernheim
Sprecherinnen und Sprecher: Christian Birko-Flemming, Titus Mahlberg, Brigitte Pagel, Ron Vodovozov, Jochen Willnauer

Druck und Bindung: Elanders GmbH, Waiblingen

Printed in Germany
ISBN 978-3-12-688077-0

Deutsch^3
Die Uniform

Inhaltsverzeichnis

Neue Wörter

die Langstrecke
die Kurzstrecke
FRA
PMI
FRA
der Pilot
im Flugzeug
(im Cockpit)

die zerstörte Stadt
die Fußballmannschaft / die Nationalmannschaft
die Roten Adler (So heißt die syrische Nationalmannschaft.)
E
F P
T O Z
L P A N
der Augenarzt

Die Uniform
Personen

Samir ist neu in Deutschland. Aber er hat schon einen Freund gefunden: Ben.
Samir und Ben treffen sich nach der Schule. Sie wollen Fußballtricks üben. Dann sieht Samir eine Uniform in Bens Haus. Eine Polizeiuniform? Für Samir ist das kein gutes Zeichen. Schnell rennt er weg. Ben versteht gar nicht, was los ist. Kann er seinen Freund zurückholen?

Niveau 1 // leicht

Name: **Niklas Schneider**
Alter: 42
Herkunft: Frankfurt, Deutschland
Beruf: Pilot
Sprachen: Deutsch, Englisch

Niveau 2 // mittel

Name: **Samir Hilani**
Alter: 13
Herkunft: Aleppo, Syrien
Beruf: Schüler
Sprachen: Arabisch, Englisch

Niveau 3 // schwer

Name: **Ben Schneider**
Alter: 14
Herkunft: Frankfurt, Deutschland
Beruf: Schüler
Sprachen: Deutsch, Englisch

Niveau 1
Niklas Schneider

- Hier spricht Niklas.
- Hier spricht Samir.
- Hier spricht Ben.
- Hier spricht eine andere Person.

 Hörtext und Wortschatzhilfen

1[1]

Der Wecker klingelt und klingelt.
Das Klingeln reißt mich aus meinem schönen Traum:
Ich fliege weit, lang und hoch.

11:00 Uhr.
Sechs Stunden Schlaf müssen heute reichen.
Jetzt ist es höchste Zeit.
Ich muss sofort aufstehen.

Jeden Tag habe ich diesen Stress.
Ich schlafe oft zu lange.

Jeden Tag klingelt der Wecker zu einer anderen Zeit.
Daran gewöhne ich mich nie.

Ich schlafe nicht jede Nacht in meinem Bett.
Oft schlafe ich in einem Hotelbett.
Und ich habe jeden Tag andere Kollegen und Kolleginnen.

Aber ich liebe meinen Beruf.
Wer kann sagen:
‚Ich schaue den ganzen Tag in den Himmel.'
Das machen die meisten Menschen nur im Urlaub.
Dann wandern die Menschen zum Beispiel in den Bergen.
Oder die Leute liegen am Strand und in der Sonne.

Ich fliege über Städte, Flüsse, Seen und Berge.
Auch die Lichter am Flughafen sind bei der Landung sehr schön.
Ich fliege gern. Ich fliege sehr gern.
Das ist mein Traumberuf.
Aber leider fliege ich immer nur die Kurzstrecken.
Immer von einer Stadt in Europa in die nächste.
Von Frankfurt nach Paris. Von Paris nach Rom. Von Rom nach Frankfurt …

Ich freue mich schon auf das Wochenende.
Da kann ich endlich wieder mit Magda zu einem Fußballspiel von Ben gehen.
Zusammen wollen wir beim Spiel zuschauen.
Dann können wir die Jungs mit den anderen Zuschauern und Eltern anfeuern.
Das macht viel Spaß.

Die Wettervorhersage für Sonntag ist gut:
Sonne und leicht bewölkt.

Und nach dem Spiel habe ich noch Zeit für meinen Sport.
Ich muss am Sonntag auch Sport machen.

Ich sitze wie bei einem Schreibtischjob immer im Sessel.
Ich bewege Touristen durch Europa.
Aber ICH bewege mich nicht.
Ich sitze und sitze.

Am Sonntag bewege ich mich erst zum Fußballplatz.
Und danach bewege ich mich beim Sport.

Hoffentlich kommt nichts dazwischen.

Ich gehe in die Küche.
Im Flur sehe ich unsere Bilder.
Das sind schöne Erinnerungen!

Hier die Bilder mit den Flugzeugmodellen.
Dort das Foto mit den Kollegen von der Pilotenausbildung.
Und die Kinderfotos von Ben.
Er sitzt in einem Karussell-Flugzeug.
Er sitzt auf einem Flugzeug aus Sand.
Er schwimmt in einem Plastik-Flugzeug.

Das letzte Gespräch beim Augenarzt ist das Aus für seinen Traumberuf: Flugzeug-Pilot.
Der Arzt hat eine Rot-Grün-Sehschwäche bemerkt.
Armer Ben.

12:15 Uhr.

Heute fliegen wir von Frankfurt nach Mallorca.
Dann fliegen wir nach Wien und von dort zurück nach Mallorca.
Also ein normaler Tag auf der Kurzstrecke.

Mein Traum: Langstrecke fliegen.
Nach Afrika, in die USA, nach Australien!

Ich träume oft davon.
Magda und Ben finden das hoffentlich okay.
Denn dann bin ich noch mehr Nächte im Monat weg.

12:25 Uhr.

Warum ist Ben noch nicht da?

Mein Antrag für Flüge auf Langstrecke liegt jetzt beim Chef.
Magda weiß davon noch nichts.

„Lebe deinen Traum!"
Diesen Satz sagt sie immer wieder.
Da muss sie auch meinen Wunsch verstehen.

Da ist Ben mit seinem neuen Freund!
Schön, jetzt lerne ich ihn noch kurz kennen.
Ich höre sie an der Haustür.
Ich ziehe mich schnell an.
Und dann gehe ich zu den Jungs.

Wir haben nur eine halbe Stunde Zeit.
Dann muss ich losfahren.
Also kein ruhiges Zusammensein.

Warum höre ich wieder die Haustür?

„Samir ist weg.
Ich laufe ihm nach.
Hoffentlich sehen wir uns gleich noch", ruft Ben.

„Roger!", antworte ich.

Was ist denn mit dem Freund von Ben los?

Seltsam …
Warum läuft er weg?

Hat er Angst?
Oder hat er Streit mit Ben?

Hoffentlich kommt Ben gleich zurück.
Ich muss bald los.
Ich möchte Ben so gern noch sehen.
Ich habe so wenig Zeit für meine Familie.
Auch daran gewöhne ich mich nie.
Darum ist jede Minute mit Ben wichtig für mich.

Was machen die zwei Jungs?

Ich habe zwei gesunde Augen.
Ich bin auch sonst noch fit.
Wie lange noch?
Das weiß ich nicht.
Kleine Probleme mit der Gesundheit können meinen Traum sofort zerstören.
Das kann morgen schon passieren.
Darum muss ich jetzt auf der Langstrecke fliegen.
Bevor es zu spät ist.

Darum spreche ich am Wochenende mit Ben und Magda über meinen Wunsch.
Hoffentlich können sie mich verstehen.

Noch schnell einen Zettel für Ben schreiben:
„Ich freue mich auf dein Fußballspiel am Wochenende, dein Pa."

Ich klebe den Zettel an den Kühlschrank.
Ich erinnere mich an nette Nachrichten von Magda und mir für unseren Ben.
Mit den Handys gibt es diese Zettel nicht mehr so oft.
Jetzt schickt man lieber Nachrichten.
Das ist einfacher. Schade …

13:10 Uhr.

Heute fliege ich zweimal über Südfrankreich,
über die schöne Stadt Nizza, über unsere Stadt.

In Nizza beginnt meine Geschichte mit Magda.
Sie ist die Frau meines Lebens.
Sie arbeitet als Psychologin.

Heute hält sie einen Vortrag.
Das Thema: Was kann man gegen Flugangst tun?

Heute Abend ist sie wieder zurück in Deutschland.
Ben ist also nicht allein.

Noch 70 Minuten bis zum Meeting mit der Crew.
Wir haben immer weniger Zeit.

Wo ist Ben?
Warum ist er noch nicht zurück?
Hat er Probleme mit Samir?
Ist etwas passiert?

13:20 Uhr.

Schade. Wir treffen uns nicht mehr.
Ich kann ihn draußen nicht sehen.

Jetzt noch einen Kaffee trinken und dann los!
Die Crew wartet nicht gern.
Das verstehe ich.
Ich warte auch nicht gern.
Darum bin ich immer pünktlich.

Ich muss noch schnell die Schuhe putzen.
Dann die Papiere prüfen.

Mein Personalausweis: Ich brauche bald einen neuen.
Er ist nicht mehr lange gültig.

Mein Führerschein: Auf dem Foto sehe ich richtig jung aus.

Mein Pilotenausweis: Darauf bin ich sehr stolz!

Die Liste mit Namen und Telefonnummern der Crew.

Meine Kreditkarten.

Das Foto von Ben und Magda!

Eine Nachricht von Ben:
„Wir sind in fünf Minuten bei dir, bist du noch da?"

Super!
Dann gibt es also keine großen Probleme zwischen Ben und Samir.
Das freut mich.

Okay, zehn Minuten habe ich noch.
Dann können wir uns noch kurz sehen.

Ist die Langstrecke wirklich gut für mich?
Sind die Kollegen auf der Langstrecke auch nett?

Ich muss das probieren.
Wenn ich es nicht probiere, kann ich es auch nicht wissen.

Mal schauen, ob ich die Jungs schon sehen kann.
Da sind sie ja!

Aber was ist da unten auf der Straße los?

Ich sehe eine Politesse.
Ist das dort mein Auto auf dem Abschleppwagen?
Nein, das ist ein anderes Auto.
Mein Auto steht noch an seinem Platz.

Warum spricht Ben mit der Politesse?
Jetzt holt er sein Handy aus der Tasche.

Und mein Handy klingelt.

„Sie schleppen gleich dein Auto ab!
Komm schnell raus!", ruft Ben in den Hörer.

„Warum? Ich komme sofort!"

Ich nehme den Koffer und laufe schnell aus dem Haus.

„Sie schleppen mein Auto ab?"

„Ja!", antwortet die Politesse.

„Warum das denn?"

„Ein Umzugswagen braucht heute den Platz.
Sehen Sie hier das Schild!"

„Aber ich fahre in einer Minute weg."

„Den Strafzettel muss ich trotzdem schreiben!"

„Aber das Parkverbot gilt erst seit fünf Minuten. Steht dort auch auf dem Schild."

„Ja, genau! Ab 13:30 muss hier alles frei sein."

„Okay, aber Sie müssen doch verstehen …"

Die Politesse unterbricht das Gespräch.
Sie geht zu dem Fahrer vom Abschleppwagen.

Was macht der Fahrer da an meinem Auto?

„Moment! Mein Auto bleibt hier!"

Die Politesse informiert den Fahrer.

„Der Mann hier fährt das Auto gleich weg. Lassen Sie es stehen", sagt die Politesse zu dem Fahrer.

Dann dreht sie sich zu mir.

„Die Kosten für das Abschleppen müssen Sie trotzdem zahlen."

„Da kann man nichts machen?", frage ich.

„Nichts", wiederholt die Politesse.

Sie gibt mir den Strafzettel.
Ich stecke ihn in die Tasche.

Ich drehe mich zu Ben und seinem Freund.

„Es tut mir leid.
Meine Crew wartet.
Hoffentlich haben wir bald mehr Zeit."

Heute reicht es nur für ein „Hallo" und ein „Auf Wiedersehen".

Samir schaut mich von Kopf bis Fuß an: die Mütze, die Jacke, auch meine Schuhe schaut er genau an.

Warum?

„Ist etwas falsch an meiner Uniform?", frage ich.

„Nein, nein, Pa. Alles ist okay!", sagt Ben.
„Ihr trefft euch beim Spiel wieder.
Samir schaut auch zu!"

„Super", sage ich und verabschiede mich.

Samir starrt immer noch.

„Bis Sonntag! Tschüss!"

Ich steige in die Maschine.
Dann mache ich die letzten Checks.

Gleich bin ich wieder im Himmel, über den Wolken.
Ich kann die Welt von oben sehen.
Dort unten spielen Ben und Samir Fußball.

Zwölf Stunden Arbeit, vier Flüge und 7146 Kilometer liegen vor mir.
Und vielleicht fliege ich bald zum ersten Mal auf der Langstrecke!

„Herzlich willkommen an Bord.
Mein Name ist Niklas Schneider.
Ich bin heute ihr Kapitän."

Niveau 2
Samir Hilani

- Hier spricht Niklas.
- Hier spricht Samir.
- Hier spricht Ben.
- Hier spricht eine andere Person.

 Hörtext und Wortschatzhilfen

1[2]

Die Fußball-AG in der Schule gefällt mir sehr gut. Am besten ist, dass ich mit Ben zusammen vorne im Angriff spiele.

Ich kann sehr schnell laufen,
aber leider nicht gut Fußball spielen.
Noch nicht. Aber das ändert sich jetzt.
Ab heute trainieren Ben und ich zusammen.

Ich freue mich schon auf die Tricks, die er mir nach der Schule zeigen will. In der Straße, wo er wohnt, gibt es einen kleinen Fußballplatz.

In der AG haben wir rote Shirts an.

„Wie die Roten Adler!", sage ich zu Ben.

Er weiß nicht, was ich meine.
Das erkläre ich ihm ein anderes Mal.

Ich bin schnell, aber ich muss jetzt passen.
Dem ersten Gegner bin ich davongelaufen.
Aber dem nächsten Gegner werde ich nicht davonlaufen können. Ich kann keinen guten Trick.

Wo bleibt Ben? Bin ich zu schnell für ihn?
Da passiert es schon.
Der Ball landet direkt beim Gegner.
Schlecht gespielt! Ich ärgere mich.

Jetzt ist Ben doch da. Er holt sich den Ball mit einem Trick wieder zurück. Dann läuft er zum Tor und passt zu mir.
Sein Pass landet perfekt vor meinem rechten Fuß. Ich denke nicht nach und schieße direkt. Es klappt. Der Torwart kann den Ball nicht halten. 4:3 für uns.

Ich freue mich.
Auch Ben freut sich.
Alle Roten freuen sich mit uns.

Die Grünen ärgern sich.
Der Torwart der Grünen schimpft.

Jetzt ist das Spiel vorbei. Mein Tor in letzter Sekunde bedeutet unseren Sieg. Super!

Auch der Lehrer freut sich über unsere Leistung.

„Ihr seid ein tolles Team!", sagt er zu mir und Ben.

Ich gebe ihm stolz mein Shirt zurück.

„Du kannst echt viele tolle Tricks", sage ich zu Ben.

„Das ist Training. Viel Training. Dafür übe ich jeden Tag. Das kannst du auch."

„Wie lange spielst du schon Fußball?"

„Seit ich denken kann. Ich kann mich an nichts anderes erinnern. Ich konnte gerade stehen, da ging es schon damit los. Meine Eltern erzählen: Wo ein Ball war, da war ich."

„Und seit wann spielst du im Verein?"

„Ich spiele beim FC Concordia seit ich fünf Jahre alt bin. Am Sonntag haben wir ein Spiel gegen einen sehr starken Gegner. Meine Eltern sind dieses Mal beide da. Du kannst ja auch kommen?"

„Gern! Ob ich auch in deinem Verein trainieren kann?"

„Warum nicht? Ich frage mal den Trainer. Am Sonntag kannst du ihn am Spielfeldrand sehen."

Nur die Schulstraße hoch bis zur Kreuzung, über die Einkaufsstraße rüber, dann links und wieder rechts. Und schon sind wir in der Straße, in der Ben wohnt.

Plötzlich ist die Angst wieder da. Warum gerade jetzt?
Plötzlich sehe ich wieder die Bilder. Warum?
Wann verschwinden die Bilder endlich?

Die Luftangriffe. Die zerstörte Schule. Der Berg aus Steinen. Der Umzug in eine andere Schule.
Nujeen. Ein Mädchen aus unserer Schule. Sie hat Angst. Sie will nicht mehr zum Unterricht. Zusammen mit unserem Lehrer besuchen wir sie. Wir bringen Süßigkeiten mit. Sie kommt wieder mit in die Schule.
Der Keller in der Schule. Bei Luftangriffen sitzen wir eng an eng dort und warten. Die Männer in Uniform mit schweren Waffen. Wir hören Schüsse. Auf wen? Wo?

„Rate mal, in welche Schule mein Vater gegangen ist?", fragt Ben.

„In die Goetheschule?", rate ich.

„Richtig!", sagt Ben stolz.

„Lass uns schnell laufen, dann treffen wir deinen Vater vielleicht noch."

„Keiner aus meinem Verein ist so schnell wie du. Warum kannst du eigentlich so schnell laufen? Wie hast du das gelernt? Gibt es da besondere Trainingsübungen?"

„Das kann ich eben."

„Aha. Hast du einen Traumberuf?"

„Ich sage ihn dir aber nur, wenn du mir versprichst, nicht zu lachen."

„Versprochen."

„Schon immer wollte ich Fußballprofi werden und bei den Roten Adlern mitspielen.
Vielleicht kann ich mal in die Nationalmannschaft, hat mein Fußballtrainer in Syrien gesagt. Aber dann war er plötzlich weg. Auch sein Assistent ist dann verschwunden.
Ich habe lange nicht gut trainiert. Und ohne gutes Training gibt es keine gute Leistung."

„Wer sind denn die Roten Adler? Ganz ehrlich: Von denen habe ich noch nie was gehört."

„So heißt die syrische Nationalmannschaft."

„Oh super, wir haben Glück. Das Auto steht vor der Tür. Dann ist mein Vater also noch da."

Bens Familie wohnt in einem blauen Haus.

„Meine Mutter liebt Farben", sagt Ben, als wir in den grünen Flur kommen. „Fehlt nur noch eine rosa Toilette!"

Ich sehe Ben und mich in dem großen Spiegel im Flur. Ben ist deutlich größer als ich. Auch sonst sehen wir sehr unterschiedlich aus. Ich trage eine Brille, er nicht.

Neben dem Spiegel ist eine lange Garderobe mit vielen Mänteln und Jacken. Was hängt da ganz vorne?
Eine Uniform!
Eine Polizeiuniform?
Bens Vater arbeitet bei der Polizei?
Was macht Ben mit mir?
Was passiert hier?
Bestimmt hat sein Vater auch gefährliche Waffen.

Ich bleibe hier keine Sekunde länger.
Ich muss hier sofort raus.
Sofort weg hier!
Wo ist der Ausgang?

Warum hat Ben nichts davon erzählt?
Schnell weg hier!
Polizisten finden immer etwas, das man falsch gemacht hat.

Schluss. Aus.
Kein Fußballtraining mit Ben.
Keine neuen Tricks, kein neuer Freund.
Ich kann nur wenige Fußballtricks, aber ich kann laufen.
Ich kann sehr schnell laufen.

Seit dem Tag, an dem ein Polizist mit einer Waffe hinter mir her gerannt ist. Ich habe keine Ahnung, warum ich sein Ziel war. Aber ich war schneller. Er hat zweimal geschossen. Zweimal hat er mich nicht getroffen. Oder waren es Warnschüsse? Keine Ahnung.

Es war pures Glück, dass er mich nicht gefunden hat.
Ich sehe den Mann mit der Uniform noch genau vor mir.

Woher kam er? Keine Ahnung.
Was wollte er? Ich weiß es nicht.

Er ist an meinem Versteck vorbeigelaufen.
Da waren später noch mehr Schüsse.
Von ihm? Auf wen?
Das weiß ich nicht.

Niemals bleibe ich im Haus von einem Polizisten.
Niemals ist der Sohn eines Polizisten mein Freund!
Niemals!

Wo bin ich hier?
Muss ich nach rechts? Oder nach links?

Mist. Da ist Ben. Er verfolgt mich.
Warum lässt er mich nicht einfach in Frieden?

Wo geht es weiter? Hier am Burgerland vorbei?
Nein! Jetzt weiß ich es wieder:
Dort an der Bank geht es um die Ecke.

Jetzt ist er plötzlich direkt hinter mir.
Wie kann das sein?
Warum ist er auf einmal so schnell?

Er packt mich.
Nein, ich lasse mich nicht stoppen.
Ich nicht. Ich reiße mich los. Schnell weg hier.

Ich lande auf dem Boden. Ich bin über den blöden Bordstein gefallen. Die Dinger gibt es in Deutschland überall.

Ich gebe auf.

„Lass mich!“, brülle ich Ben an.

„Was ist los? Du rennst vor mir weg? Wir wollen doch trainieren!“

„Du willst mit mir trainieren? Warum hast du mir nichts gesagt?“

„Was? Was habe ich nicht gesagt?“

„Die Uniform an der Garderobe! Dein Vater ist Polizist! Aber du sagst mir das nicht! Wie viele Menschen hat er schon getötet, wie viele Kinder?“

„Was redest du da? Mein Vater hat niemanden getötet, okay! Mein Vater ist Pilot. Er ist kein Polizist. Diese Uniform tragen alle Piloten, auch anderswo in der Welt. Aber auch wenn du einen Polizisten siehst. Du musst nicht weglaufen!“

„Nicht?“

„Nein. Aber, wenn du Hilfe brauchst, kannst du sie rufen. Bei einem Streit, einem Einbruch, einem Unfall … Polizisten sorgen für Sicherheit, zum Beispiel auf der Straße. Sie überwachen den Verkehr. Sie stehen aber auch im Fußballstadion für einen Einsatz bereit. Sie kümmern sich um Straftaten jeder Art.“

„Okay. Ist ja gut. Und was für ein Pilot ist dein Vater?“

„Er ist Flugzeug-Pilot. Er fliegt Touristen in den Urlaub, in ganz Europa.“

Ich habe mich also total getäuscht?
Warum habe ich nicht erst gefragt, bevor ich gleich wegrenne?

Wieder so eine Panikreaktion!
Wieder kann ich nichts dagegen tun.
Wann hört das auf?
Wann hören diese Erinnerungen auf?
Wann ist Schluss mit den schrecklichen Bildern in meinem Kopf?
Wann?

Ich muss endlich verstehen, dass in Deutschland vieles ganz anders ist.

Ben ist sehr sauer. Er dreht sich von mir weg.
Das kann ich gut verstehen!
Ich sage einfach, dass sein Vater Menschen tötet.
Nur weil ich eine Pilotenuniform mit einer Polizeiuniform verwechsle. Und eigentlich weiß ich, dass Polizisten in Deutschland nicht ohne Grund töten. So ein Mist!

„Das tut mir echt leid! Ich kann verstehen, wenn du jetzt sauer auf mich bist. Versuchen wir jetzt trotzdem noch, deinen Vater zu treffen?", frage ich Ben.

Zum Glück dreht er sich wieder zu mir.

„Dann los. Wir haben noch zehn Minuten!", antwortet er.

Wir laufen. Ich fühle mich besser.

Wo sind wir eigentlich? In der panischen Angst habe ich gar nicht mitbekommen, wo ich hinlaufe.

Ein Mann läuft schnell an uns vorbei. Wir müssen stoppen, damit wir nicht zusammenstoßen.
Der Mann scheint es auch eilig zu haben.

Da stupst mich Ben von der Seite an.

„Siehst du? Der hat auch eine Uniform an."

Ich schaue dem Mann nach und erkenne die Uniform erst jetzt.

„Auch ein Pilot?", frage ich.

„Nein, der Mann geht direkt Richtung Bahnhof.
Solche Uniformen tragen in Deutschland Zugbegleiter."

Wir sind zurück in Bens Straße.
Aber hier steht ein langer Lkw mitten auf der Straße.

Dann sehe ich, das ist gar kein Lkw, das ist ein Abschleppwagen.
War hier ein Unfall?

Aber ich sehe kein Unfallauto, auch keinen Fahrer.
Nur eine Frau in Uniform …

„Und was ist die Frau dort von Beruf?“, frage ich Ben.

„Verkehrspolizistin oder so“, ruft er und läuft schnell direkt zu der Frau.

Warum denn das?
Was will er bei der Frau?

Der beladene Abschleppwagen ist gerade weg,
da kommt schon ein zweiter.

Ben starrt auf ein Schild, das ich nur von hinten sehen kann.
Er ist sehr aufgeregt.

Vielleicht ist das Auto seines Vaters auch gleich weg?

Der Fahrer des Abschleppwagens stellt sich direkt neben das Auto von Bens Vater.

Also steht sein Auto auch nicht richtig.

Drei andere Leute beobachten alles.

Einer läuft plötzlich eilig zu seinem Wagen und fährt damit weg.
Vermutlich stand sein Auto auch an einem falschen Platz.

Bens Vater kommt schnell aus dem Haus.

Die Frau gibt Bens Vater einen Zettel.
Bens Vater nimmt ihn, aber er sieht sauer aus.
Sein wütendes Gesicht passt gar nicht zu seinem eleganten Aussehen.

Die zwei sehen wirklich richtig gut aus in ihren Uniformen.
Das sieht besser aus als zum Beispiel eine weiße große Kochmütze, wie sie die Chefin unserer Schulkantine trägt.
Alle anderen von der Kantine haben kleine Kappen.

Mal abwarten, welchen Beruf ich einmal habe.
Vielleicht brauche ich dann auch eine Uniform.
Jetzt bin ich erst mal froh, dass ich auf der Goetheschule bin.
Und vielleicht werden Ben und ich ja Freunde?

„Habe ich das richtig verstanden?
Dein Vater muss bezahlen, obwohl sein Auto gar nicht abgeschleppt wird?"

„So ist das. Schließlich war der Fahrer bestellt und ist gekommen. Die Politesse wusste ja nicht, dass Pa jetzt wegfahren will."

„Und wenn er einfach nicht bezahlt?"

„Dann kommt bestimmt eine Erinnerung vom Ordnungsamt. Die vergessen das nicht."

„Muss dein Vater immer in dieser Uniform zur Arbeit?"

„Ja, das ist für Piloten ganz normal.
Fußballprofis tragen ihre Vereinstrikots bei der Arbeit.
Pa seine Uniform."

Die blaue Pilotenuniform ist sehr gepflegt. Mit goldenen Bändern an den blauen Ärmeln.

Bens Vater gibt mir die Hand.

„Hallo und Tschüss. Meine Mannschaft wartet", sagt er, steigt in das Auto und fährt los.

„Seine Mannschaft sind wohl die Blauen Adler?", frage ich und lache.

„Und du? Warum kannst du so schnell laufen, als ob du fliegst?", fragt Ben.

Ich habe zum Glück eine Idee, wie ich es ohne die Bilder aus meiner Heimat erklären kann.

„Stell dir vor, dich jagt ein Wolf. Dann läufst du automatisch schneller."

„Danke für den Tipp!"

„Aber jetzt zeig du mir deine Fußballtricks!"

„Ich hab dir erzählt, was mein Traumberuf war. Welchen Traumberuf hast du?"

„Ich weiß nicht. Ich bin noch am überlegen."

„Ich weiß einen tollen Beruf für dich!"

„Ach ja? Was denn?"

„Lehrer, vielleicht Sportlehrer oder Fußballtrainer."

„Haha, wieso das denn? Ich und Lehrer!"

„Ja, das wäre super. Du hast mir erklärt, wie das in Deutschland mit den Uniformen ist und mit der Polizei. Und jetzt zeigst du mir deine Tricks und ich verstehe sofort, was ich zu tun habe. Außerdem hast du viel Geduld. Das, was ein guter Lehrer braucht."

„Darüber muss ich nochmal nachdenken. Es hat ja noch Zeit."

„Schau mal. Das klappt doch schon ganz gut, oder Herr Lehrer?"

Niveau 3

Ben Schneider

 Hörtext und Wortschatzhilfen

1[3]

Toll. Hier in der neuen Fußball-AG habe ich endlich mal eine Position ganz vorne im Angriff. Im Verein spiele ich immer in der Mitte.

Auch wenn hier immer wieder neue Mitspieler dazukommen. Samir zum Beispiel. Er sieht ein bisschen komisch aus, wenn er läuft, wie eine Ente …

Dabei sprintet er eher so schnell wie ein Gepard. So schnell jedenfalls, dass ich nicht hinterher komme. Er muss mir mal zeigen, wie man nach dem Start schneller beschleunigt.

Heute kommt er mit zu mir nach Hause. Vielleicht habe ich Glück und Pa ist noch nicht weg. Vielleicht haben wir noch Zeit für eine Tasse Kakao zusammen? Dann lernen Pa und Samir sich kennen.

Erzählt habe ich meinem Vater schon von meinem neuen Partner im Angriff. Und wenn Pa dann losfährt, gehen wir auf unseren Bolzplatz und üben ein paar Tricks.

Ich bin ein starker Dribbler. Aber viel zu langsam.
Samir läuft mit dem Ball schneller als ich ohne. Vorausgesetzt, er behält den Ball. Ständig springt er ihm vom Fuß. So wie jetzt. Wieder landet der Ball beim Gegner.

Oh Mann, Samir! Aber den hole ich uns wieder zurück! Jetzt die Grätsche! Und schon hab ich den Ball.

Jetzt ab Richtung Tor. Hoffentlich hat Samir geschaltet und kommt mit.

Ja, da ist er! Aus den Augenwinkeln sehe ich ihn.
Ich täusche einen Schuss an, schiebe den Ball aber zu Samir.
Samir zögert nicht, sondern schießt voll aufs Tor. Ein satter Schuss.
Der Ball zappelt unhaltbar im Netz. 4:3 für uns. Die Entscheidung.
Denn jeden Moment muss Schluss sein.

Schon nimmt der Lehrer die Trillerpfeife in den Mund. Abpfiff!
Das Spiel ist zu Ende. Gewonnen!

Die Grünen laufen enttäuscht vom Platz. Einer wirft sein Shirt wütend auf den Boden. Ein anderer Grüner hebt es auf und gibt es dem Lehrer.

„Man muss auch verlieren können", sagt der Lehrer.

„Stimmt! Aber man muss auch gewinnen können!", sage ich und klopfe Samir auf die Schulter.

„Du hast echt viele tolle Tricks drauf“, lobt mich Samir.

„Das ist reine Trainingssache. Dafür übe ich stundenlang. Das kannst du auch.“

„Wie lange spielst du schon Fußball?“, fragt Samir weiter.

„Seit ich denken kann, ich kann mich an nichts anderes erinnern. Ich konnte gerade stehen, da ging es schon damit los. Meine Eltern behaupten, wo ein Ball war, da war ich.“

„Und seit wann spielst du im Verein?“

„Ich spiele beim FC Concordia seit ich fünf Jahre alt bin. Am Sonntag haben wir ein Spiel gegen einen sehr schweren Gegner. Meine Eltern sind diesmal beide dabei. Du kannst ja auch kommen?“

„Gern! Ob ich auch in deinem Verein trainieren kann?“

„Warum nicht? Ich frage mal nach. Sonntag kannst du den Trainer am Spielfeldrand erleben. Während eines Spiels ist er immer sehr streng, brüllt über den Platz und wirkt unfreundlich. Das täuscht aber. Das liegt vermutlich daran, dass er selbst sehr aufgeregt ist. Im Training wird er nur selten ärgerlich und laut.“

Wie das wohl für Samir hier in Deutschland ist? Wie viele zerstörte Häuser, wie viel Gewalt und Tod hat er in Syrien gesehen? Ich kenne nur die Bilder, die im Fernsehen gezeigt werden. Aber Samir? War er mittendrin und hat zwischen den Ruinen gelebt? Kann man so schlimme Erlebnisse irgendwann wieder vergessen oder denkt man ständig daran?

Mama hat gesagt, das ist bei jedem anders. Manche vergessen für immer, manche niemals und manche erinnern sich hin und wieder. Sie kann auch als Psychologin nur teilweise bei solchen Erfahrungen helfen. Bis jetzt hat Samir noch nicht darüber gesprochen. Aber so lange kennen wir uns auch noch nicht.

Hoffentlich erwische ich Pa noch bevor er wieder weg ist. Als Pilot sind seine Arbeitszeiten so unterschiedlich, da finde ich jede Minute mit ihm kostbar. Aber Pilot ist wirklich der coolste Beruf überhaupt.

Ich kann es immer noch nicht ganz glauben, dass ich meinen Traumberuf nicht ausüben kann. Ich sehe alles super scharf, in der Nähe, in der Ferne. Dann letzte Woche der Schock beim Augenarzt: Ich habe eine Rot-Grün-Sehschwäche! Nur ganz gering, aber trotzdem stark genug …

„Damit kannst du leider kein Pilot werden", hat mir Papa erklärt.

„Aber es gibt noch viele andere interessante Berufe", versucht er mich seitdem immer wieder zu trösten.

Ein interessanterer Beruf als Pilot? Was soll das denn sein?

Samir spornt mich zu einem Dauerlauf an, damit wir noch rechtzeitig zu Hause ankommen.

„Keiner aus meinem Verein ist so schnell wie du. Wieso kannst du eigentlich so schnell sprinten? Wie hast du das gelernt? Gibt es da besondere Trainingsübungen? Sorry, das sind jetzt drei Fragen auf einmal", will ich von Samir wissen.

„Das kann ich eben", antwortet er kurz.

„Aha. Hast du einen Traumberuf?", frage ich weiter.

„Ich hatte mal einen. Aber den kann ich jetzt vergessen."

„Welchen denn?"

„Ich sage ihn dir aber nur, wenn du mir versprichst, nicht zu lachen."

„Versprochen."

„Schon immer wollte ich Fußballprofi werden und bei den Roten Adlern mitspielen. Vielleicht kann ich mal in die Nationalmannschaft, hat mein Fußballtrainer in Syrien gesagt. Aber dann war er plötzlich weg. Auch sein Assistent ist dann verschwunden. Ich habe lange nicht gut trainiert. Und ohne gutes Training gibt es keine gute Leistung. Darum habe ich den Traum aufgegeben."

„Wer sind denn die Roten Adler? Ganz ehrlich, von denen hab ich noch nie was gehört."

„So heißen die syrischen Nationalspieler."

„Oh super, wir haben Glück. Das Auto steht vor der Tür. Dann ist mein Vater also noch da."

„Hallo, Pa? Wir sind da!“

„Schön! Ich komme gleich zu euch runter!“

Super, dass wir noch früh genug sind.

Plötzlich reißt Samir die Tür auf und rennt raus.
Wieso haut er ab?

„Samir ist weg, ich will hinterher. Ich habe keine Ahnung warum er plötzlich abhaut. Hoffentlich sehen wir uns gleich noch“, rufe ich meinem Vater noch zu.

Gerade noch sehe ich Samir um die Ecke rennen. Er läuft wie eine Rakete. Woher nimmt er die Kraft?

„Samir! Was ist los? Warte doch!“, rufe ich ihm hinterher.

Keine Reaktion. Wieso rast er in die Einkaufsstraße? Weiß er überhaupt, wohin er will?

Ich habe doch mein Versprechen gehalten und nicht gelacht, als er mir verriet, dass er Nationalspieler in Syrien werden wollte.

Vielleicht hat ihn irgendetwas im Haus regelrecht aus dem Haus getrieben?

Was habe ich falsch gemacht? Oder habe ich etwas Blödes gesagt? Habe ich ihn vielleicht irgendwie beleidigt? Aber womit?

Schneller, Ben! Los, gib was du kannst. Sonst holst du Samir niemals ein. Gleich hat er so viel Vorsprung, dass ich ihn aus den Augen verliere. Wenn ich nur wüsste, wohin er will!

„Samir! Warte doch!"

Ihm hinterher zu rufen ist eine dumme Idee. Rufen und laufen geht schlecht gleichzeitig. Also konzentriere ich mich lieber darauf, ihn einzuholen und ihn im Blick zu behalten. Sein Vorsprung wächst und wächst.

Dort! Die kleine Passage. Die Abkürzung kennt Samir bestimmt nicht. Das ist meine Chance. Ich verliere ihn zwar für ein paar Sekunden aus den Augen, aber dafür gewinne ich Zeit und kann ihn vielleicht einholen.

Wenn er jetzt nur nicht nach links abbiegt. Dann verliere ich ihn ganz und die Idee, meinen Weg abzukürzen, ist nach hinten losgegangen. Aber das sah eben nicht so aus. Er lief geradeaus, machte keine Anstalten abzubiegen.

In der Passage stehen zwei kleine Jungs mit ihren blauen Plastikautos, nirgendwo sind Erwachsene zu sehen. Doch, dort! Zwei Frauen spazieren mit Kinderwagen in die Passage. Na super. Jetzt ist hier alles dicht.

Ich laufe ins Halbdunkel der Passage und laufe zwischen den Kinderwagen und den Plastikautos hindurch. Die Frauen schauen mir irritiert nach. Babybrüllen dringt aus einem der Kinderwagen. Jetzt sehe ich, dass beide Autos eine blaue Warnblinklampe haben. Die Jungs rufen: Stopp! Polizei! Tatütata, tatütata!

Keine Zeit für solche Spiele, Jungs! Platz da! Ich muss hier so schnell wie möglich durch.

Als ich klein war, hab ich immer Fliegen gespielt. Auch in Zukunft bleibt es leider nur beim Gedankenspiel.

Da sehe ich Samir schon am Ausgang der Passage vorbeilaufen. Er stoppt, scheint sich zu orientieren. Ich trete aus der Passage und erwische ihn am Ärmel. Er befreit sich ruckartig aus meinem Griff und stürzt.

Endlich hat die Verfolgungsjagd ein Ende. Samir liegt auf dem Boden und schaut mich böse an. Im Hintergrund ist das Tatütata der Jungs zu hören.

„Lass mich!“, ruft Samir wütend.

„Was ist los? Wieso rennst du vor mir weg?“, frage ich ihn.

„Warum hast du mir das verschwiegen? Ich wäre niemals mit dir in euer Haus gegangen ...“

„Was habe ich dir verschwiegen? Ich hab keine Ahnung, was du meinst!“

„Die Uniform an der Garderobe! Dein Vater ist Polizist! Aber du sagst mir das nicht! Das ist doch kein Zufall. Wie viele Menschen hat er schon getötet, wie viele Kinder?“

„Was redest du da? Mein Vater hat niemanden getötet, okay! Mein Vater ist Pilot. Er ist kein Polizist. Diese Uniform tragen alle Piloten, auch anderswo in der Welt.
Aber auch wenn du einen Polizisten siehst. Du musst du nicht weglaufen!“

„Nicht weglaufen? Woher kann ich wissen, dass sie mich nicht jagen?“

„Polizisten in Deutschland jagen dich nicht einfach so. Im Gegenteil: Wenn du Hilfe brauchst, kannst du die Polizei rufen. Bei einem Streit, einem Einbruch, einem Unfall …
Polizisten sorgen für Sicherheit, zum Beispiel auf der Straße. Sie überwachen den Verkehr und begleiten Demonstrationen. Sie protokollieren Unfälle. Sie stehen aber auch im Fußballstadion für einen Einsatz bereit. Sie suchen Gewalttäter und kümmern sich um Kriminalfälle jeder Art.“

„Aha. Schon gut. Was für ein Pilot ist dein Vater?“

„Pilot für Touristikflüge auf Kurzstrecken im europäischen Raum. Heute fliegt er nach Mallorca, morgen vielleicht nach Paris!“

Was für ein Pilot soll Pa denn sonst sein?

Was ist denn mit Samir los? So habe ich ihn noch nie erlebt. Ihm steht der Schweiß auf der Stirn. Bestimmt nicht vom Laufen. Nicht dass er mir hier gleich noch umkippt. Er ist ziemlich durcheinander und verwirrt. Sein Gesichtsausdruck ist mir völlig fremd.

Wo ist er denn mit seinen Gedanken?
Was geht ihm jetzt durch seinen Kopf?
Ehrlich, ich kann es immer noch nicht fassen, was er von Pa geglaubt hat. Mir fehlen die Worte. Ich kann gar nichts dazu sagen.

Besser ich frage jetzt nicht genauer nach. Vielleicht gibt es ein anderes Mal eine Gelegenheit, mit ihm darüber zu sprechen.
Es wäre schön, wenn er jetzt erst mal wieder der Alte wird, so wie ich ihn kenne.

Offenbar hat er sich etwas erholt, ist wieder zurück von seinem Kopfkino. Er reicht mir die Hand zur Entschuldigung. Die nehme ich gern an.

Und dann erinnert er mich, dass wir schnell zurück müssen, um Pa noch treffen zu können. Mal schauen. Vielleicht schaffen wir es noch.

Prompt treffen wir auf einen Zugbegleiter auf dem Weg zu seiner Arbeit. Das passt! Er liefert für mich ein gutes Beispiel für einen anderen Beruf, in dem auch Uniformen getragen werden. Und das nicht nur in Deutschland.

Ich kann Samir hier noch viele andere Beispiele für Uniformen zeigen. Die Einkaufsstraße ist voll von Leuten in Uniform. Dort, die Servicekräfte in dem Lokal, und dort die Verkäuferinnen in der Bäckerei tragen auch einheitliche Berufskleidung. Sie sind damit sozusagen auch uniformiert. In diesen Fällen in den Farben der Firmenlogos. Das sind Firmen-Uniformen.

Bei Firmen-Uniformen ist wichtig, dass andere erkennen, für welche Firma die Menschen arbeiten. Bei Piloten- oder Zugbegleiteruniformen ist wichtig, dass andere erkennen, in welcher Funktion die Menschen arbeiten.
Und Polizeiuniformen dürfen zum Beispiel nur Polizisten tragen. Es ist verboten eine Polizeiuniform zu tragen, wenn man kein Polizist ist. Einen Arztkittel dagegen kann jeder anziehen.

Wir sind super in der Zeit!

Wo steht Pas Wagen? Den kann ich nicht sehen, weil da was großes, Piepsendes davor steht.

Was fährt da denn rückwärts mit Warnleuchte?

Ich glaube es nicht. Ein Abschleppwagen. Gerade zieht er einen Wagen auf die Ladefläche. Immerhin nicht unser Auto, das kann ich jetzt erkennen. Das steht noch da, wo Pa es abgestellt hat. Das bedeutet: Er ist noch da!

Aber eine Politesse steht direkt vor seinem Wagen und notiert das Kennzeichen.

„Was machen Sie da?", frage ich sie.

„Das kannst du doch selbst sehen", antwortet sie.
„Der Wagen hier muss auch abgeschleppt werden."

Ich sage, dass das Auto meinem Vater gehört und er gleich damit zum Flughafen fahren muss. Sie darf sein Auto auf keinen Fall abschleppen lassen.

Sie zeigt auf ein Schild und weist auf das Parkverbot hin.
„Parken in diesem Bereich ist heute von 13:30–17:00 Uhr nicht erlaubt."

Der Abschleppwagen fährt mit dem Auto weg. Ein zweiter Abschleppwagen fährt in unsere Straße. Er hält direkt neben Pas Wagen.

Ich rufe ihn schnell an.
„Sie schleppen gleich deinen Wagen ab! Komm schnell raus!"

Die Politesse tippt den Fahrzeugtyp, das Kennzeichen, die Uhrzeit und Straße in einen grauen Kasten. Ein kleines weißes Papier rattert aus dem grauen Kasten. Mit einem „Ratsch" reißt sie den Zettel ab. Jetzt macht sie auch noch Fotos von Pas Wagen.

Hoffentlich finde ich einen guten neuen Berufswunsch für mich. Autos fotografieren und sie dann abschleppen lassen, so was würde ich niemals machen!

Endlich, da kommt Pa angerannt!

Samir betrachtet die Uniform der Politesse und fragt:
„Wie heißt Ihr Beruf?"

„Blöde Kuh", rutscht es aus mir raus.

„Das habe ich jetzt aber nicht gehört", sagt sie.
„Ich bin Politesse", antwortet sie. „Manche Leute nennen mich auch Knöllchenfrau", sagt sie und lächelt.

Pa sagt der Politesse, dass er erst seit fünf Minuten im Halteverbot steht. Aber das interessiert sie nicht.

Ab 13:30 Uhr muss hier alles leer sein. Dafür hat der Kunde schließlich bezahlt, der die Schilder für seinen Umzug aufstellen ließ.
Irgendwie hat sie recht. Und doch sind fünf Minuten ein bisschen übertrieben.

Ihre Reaktion auf meinen Ausrutscher gerade, war echt okay.
Immerhin lässt sie den Wagen nicht abschleppen. Bezahlen muss Pa trotzdem, weil der Abschleppdienst schon bestellt war.
Blöde Regelung.

Also das wäre wirklich kein Beruf für mich. Da verärgert man den ganzen Tag Menschen, weil sie Strafgebühren bezahlen müssen.

Dann will ich doch lieber einen Beruf, bei dem sich die Menschen über meine Arbeit freuen. In diese Richtung kann ich ja mal weiter überlegen. Vielleicht zusammen mit Pa, wenn wir mal wieder Zeit zusammen haben. Vielleicht fällt uns ja was Passendes für mich ein.

„Habe ich das richtig verstanden? Dein Vater muss bezahlen, obwohl sein Wagen gar nicht abgeschleppt wird?", fragt Samir.

„So ist das. Schließlich war der Fahrer bestellt und schon da. Die Politesse wusste ja nicht, dass Pa jetzt wegfahren will."

„Und wenn er einfach nicht bezahlt?"

„Dann kommt bestimmt eine Erinnerung vom Ordnungsamt. Die Leute dort vergessen das nicht."

„Muss dein Vater immer in dieser Uniform zur Arbeit?"

„Ja, das ist für Piloten ganz normal. Fußballprofis tragen ihre Vereinstrikots bei der Arbeit. Pa seine Uniform."

„Ich trage gern jeden Tag was anderes. Hoffentlich ist das auch in meinem zukünftigen Beruf möglich."

„Aber mit so einer Uniform braucht man nicht jeden Morgen zu überlegen, was man anziehen soll."

„Stimmt, du hast Recht. Das spart eine Menge Zeit!"

Ich bin sehr froh, dass es noch zu dieser kurzen Begegnung zwischen Pa und Samir kommt.

Auch wenn Pa nicht weiß, warum Samir weggelaufen ist. Er kann sich einen ersten Eindruck von Samir machen. Genauso Samir von Pa. Er wird schon noch erleben, dass Pa ein ganz toller Vater ist. Ein Mensch, der nichts gegen ihn im Sinn hat. Weder als Polizist, noch als Pilot.

Also ich habe zwar keine Chance mehr auf meinen Traumberuf. Das muss ich jetzt schlucken. Und das tut richtig weh. Aber das weiß ich ganz sicher: Ein Beruf ist für mich komplett ausgeschlossen. Niemals werde ich Polizist!
Ich bin froh, dass andere Menschen bereit sind, jeden Tag kleine aber auch große Gewalttaten zu verhindern oder Tätern auf die Spur zu kommen.

Pa verabschiedet sich bis Sonntag.

Ich freue mich schon auf das Spiel. Diesmal habe ich drei besondere Fans zur Unterstützung: Ma und Pa sind gemeinsam dabei, das kommt wirklich nicht oft vor. Und Samir kommt auch.

Der Trainer hat angekündigt, mich in die Startelf zu nehmen. Ich bin also von Anfang an dabei! Außerdem soll ich zum ersten Mal als Mannschaftskapitän spielen. Darüber freue ich mich sehr.

„Ich hab dir erzählt, was mein Traumberuf war. Welchen Traumberuf hast du?", fragt Samir auf einmal.

„Ich weiß nicht. Ich wollte immer Pilot werden, wie mein Vater. Aber vor Kurzem war ich beim Augenarzt. Er hat einen Sehfehler festgestellt. Zwar nur schwach, aber damit werde ich nicht zur Pilotenausbildung zugelassen. Das wars mit meinem Traumberuf. Nun muss ich neu überlegen."

„Ich weiß einen tollen Beruf für dich!"

„Ach ja? Lass hören!"

„Lehrer, vielleicht Sportlehrer oder Fußballtrainer."

„Haha, wieso das denn? Ich und Lehrer!"

„Ja, das wäre super. Du hast mir erklärt, wie das in Deutschland mit den Uniformen ist und mit der Polizei. Und jetzt zeigst du mir deine Tricks und ich verstehe sofort, was ich zu tun habe. Außerdem hast du viel Geduld. Perfekte Voraussetzungen für einen Lehrer."

„Darüber denke ich mal nach. Vielleicht ist das gar keine schlechte Idee."

„Schau mal. Das klappt doch schon ganz gut, oder Herr Lehrer?"

Quiz Niklas

Welchen Beruf hat Niklas Schneider?

- ☐ Er ist Polizist.
- ☐ Er ist Pilot.
- ☐ Er ist Fußballspieler.
- ☐ Er ist Kapitän.

Wo haben sich Niklas und Magda kennengelernt?

- ☐ In Nizza.
- ☐ Auf Mallorca.
- ☐ In Frankfurt.
- ☐ In Wien.

Was ist der große Traum von Niklas?

- ☐ Er will Lehrer werden.
- ☐ Er will „Langstrecke" fliegen.
- ☐ Er will „Kurzstrecke" fliegen.
- ☐ Er will ein neues Auto kaufen.

Warum bekommt Niklas einen Strafzettel?

- ☐ Sein Auto steht im Parkverbot.
- ☐ Er ist gegen ein anderes Auto gefahren.
- ☐ Er hat etwas Böses zu der Politesse gesagt.
- ☐ Er hat keinen Führerschein.

Lösungen

Quiz Samir

Was kann Samir besonders gut?

- ☐ Samir kann sehr schnell laufen.
- ☐ Samir kann sehr gut Fußball spielen.
- ☐ Samir kann sehr gut Geschichten schreiben.
- ☐ Samir kann sehr gut backen.

Was ist Samirs Traumberuf?

- ☐ Er möchte Lehrer werden.
- ☐ Er möchte Fußballprofi werden.
- ☐ Er möchte Arzt werden.
- ☐ Er möchte Koch werden.

Wie heißt die syrische Nationalmannschaft?

- ☐ Blaue Adler
- ☐ Grüne Adler
- ☐ Rote Adler
- ☐ Gelbe Adler

Samir sieht die Uniform von Bens Vater.
Sie erinnert ihn an …

- ☐ … eine Kapitänsuniform.
- ☐ … die Trikots seiner Lieblingsmannschaft.
- ☐ … die Kleidung der Mitarbeiter in der Schulkantine.
- ☐ … eine Polizeiuniform.

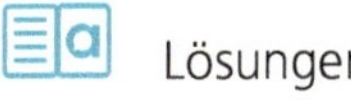 Lösungen

Quiz Ben

Wie lange spielt Ben schon im Verein Fußball?

- ☐ Seit er fünf Jahre alt ist.
- ☐ Seit er zwei Jahre alt ist.
- ☐ Seit einem Jahr.
- ☐ Seit ein paar Monaten.

Ben kann leider kein Pilot werden. Warum?

- ☐ Er hat Angst vorm Fliegen.
- ☐ Er kann nicht gut hören.
- ☐ Er hat eine Rot-Grün-Sehschwäche.
- ☐ Sein Vater will nicht, dass er auch Pilot wird.

Samir läuft sehr schnell. Wie holt Ben ihn ein?

- ☐ Ben nimmt eine Abkürzung durch eine Einkaufspassage.
- ☐ Samir weiß den Weg nicht.
- ☐ Ben läuft immer schneller.
- ☐ Samir wird von einem Polizisten aufgehalten.

Warum ruft Ben seinen Vater an?

- ☐ Er braucht seine Hilfe.
- ☐ Das Auto von Niklas Schneider soll abgeschleppt werden.
- ☐ Sein Vater kommt sonst zu spät zur Arbeit.
- ☐ Samir und Ben haben den Bus verpasst. Niklas Schneider soll die Jungs abholen.

Warum freut sich Ben besonders auf sein nächstes Fußballspiel?

- ☐ Er darf als Torwart spielen.
- ☐ Nach dem Spiel geht er mit seinem Vater ein Eis essen.
- ☐ Bens Eltern und Samir kommen zu dem Spiel.
- ☐ Ben darf zum ersten Mal seine neuen Fußballschuhe anziehen.

Lösungen